AF562721

1887. 28 Mars

N° 792

Monuments historiques

VENTE

des Lundi 28, Mardi 29, Mercredi 30 Mars 1887

HOTEL DROUOT, SALLE N° 1

et Jeudi 31 Mars 1887 — Salle n° 11

IMPORTANT

MOBILIER

ANCIEN ET MODERNE

Garnissant un Château

BELLES TAPISSERIES

COMMISSAIRE-PRISEUR

Me **ESCRIBE**, 6, rue de Hanovre.

EXPERTS

Pour les Objets d'art,
M. B. LASQUIN
12, rue Laffitte, 12

Pour les Livres,
M. MARTIN, libraire
18, rue Séguier, 18.

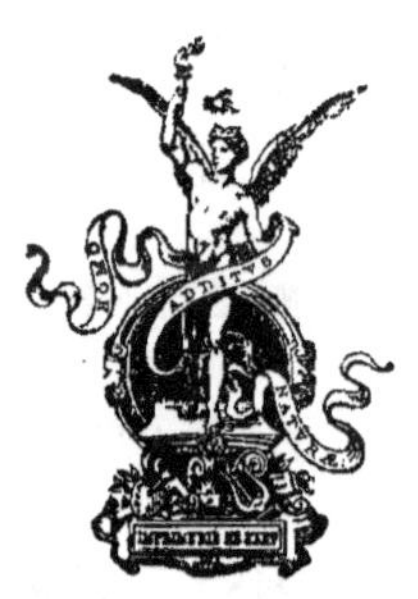

CATALOGUE
D'UN IMPORTANT
MOBILIER
ANCIEN & MODERNE

GARNISSANT UN CHATEAU

Belles Tapisseries — Meubles Louis XV et Louis XVI

BRONZES D'AMEUBLEMENT

PORCELAINES DE CHINE ET DU JAPON

TABLEAUX — LIVRES

Nombreux ameublements de chambres à coucher

Tapis de Smyrne — Rideaux et Tentures

DONT LA VENTE AURA LIEU

HOTEL DROUOT, SALLE N° 1

Les Lundi 28, Mardi 29, Mercredi 30 Mars 1887

Et le Jeudi 31 Mars, Salle N° 11

A DEUX HEURES

COMMISSAIRE-PRISEUR

M° ESCRIBE, rue de Hanovre, 6.

EXPERTS

M. B. LASQUIN	**M. MARTIN**, libraire
12, rue Laffitte, 12	18, rue Séguier, 18

Chez lesquels se trouve le présent Catalogue.

EXPOSITION PUBLIQUE

LE DIMANCHE 27 MARS 1887

DE 2 HEURES A 5 HEURES

CONDITIONS DE LA VENTE

Elle sera faite au comptant.

Les adjudicataires payeront *cinq pour cent* en sus des enchères applicables aux frais.

L'exposition mettant le public à même de se rendre compte de l'état des objets, il ne sera admis aucune réclamation une fois l'adjudication prononcée.

Paris. Imp. de l'Art, E. Ménard et J. Augry, 41, rue de la Victoire

DÉSIGNATION DES OBJETS

TAPISSERIES

1 — Très belle suite de tapisseries du temps de Louis XIII, représentant des animaux et des oiseaux, lion, cheval, biche, aigle dans des paysages, avec jolies bordures à médaillons et ornements.

Elles sont divisées comme suit :

Deux grands panneaux formant portières avec leurs bordures.

Deux panneaux étroits formant rideaux de fenêtre.

Et trois pentes composées de bordures.

PORCELAINES & FAIENCES

2 — Garniture composée de trois potiches et de deux cornets en porcelaine du Japon avec pieds en bronze.

3 — Deux candélabres formés de potiches en vieux Chine fond gros bleu à décor doré, montées de bouquets de lis à six lumières en bronze doré.

4 — Deux petits vases en Chine fond gros bleu surdécoré, montés en candélabres à trois lumières en bronze doré.

5 — Quatre coupes en porcelaine du Japon laquée, montées en bronze.

6 — Deux plats octogones en ancienne porcelaine de Chine de la famille verte.

7 — Plat en ancienne porcelaine de Chine de la famille verte, décoré d'une corbeille de fleurs.

8 — Trois plats ronds en ancienne porcelaine de Chine de la famille verte.

9 — Quatre plats ronds en ancienne porcelaine de Chine à décors variés.

10 — Onze assiettes en ancienne porcelaine de Chine.

11 — Coupe en porcelaine de Chine décorée de fleurs et d'oiseaux ; monture en bronze.

12 — Deux vases en porcelaine de Canton.

13 — Potiche et son couvercle en ancienne porcelaine du Japon à décor bleu, rouge et or.

14 — Deux coupes en porcelaine du Japon; monture en bronze.

15 — Grand plat en ancienne porcelaine du Japon, décoré d'un vase au centre, émaillé bleu, rouge et or.

16 à 20 — Onze plats en ancienne porcelaine du Japon à décors variés.

21 à 25 — Cinquante assiettes en ancienne porcelaine du Japon à décor bleu, rouge et or.

26 — Sept assiettes et un plat en porcelaine de l'Inde.

27 — Deux vases balustres en ancienne porcelaine de Chine, décor rouge de fer à lambrequins.

28 — Garniture composée de trois potiches à couvercles et de deux vases balustres en porcelaine du Japon à décor bleu, rouge et or, avec pieds en bronze.

29 — Coupe en Japon montée en bronze.

30 — Coupe à couvercle en Japon montée en bronze.

31 à 34 — Quatre grands groupes en porcelaine de Saxe moderne : Enfants musiciens; la Vendange; la Danse.

35 — Groupe et deux statuettes de bergers en porcelaine de Saxe moderne.

36 — Grand plat rond en ancienne faïence de Nevers à écusson central supporté par deux oiseaux.

37 — Grand plat ovale en ancienne faïence de Strasbourg, décoré de fleurs.

38 — Plat hispano-mauresque à ombilic à reflets mordorés.

39 — Plat en faïence espagnole à reflets métalliques.

BRONZES D'ART ET D'AMEUBLEMENT

40 — Beau groupe en bronze argenté, représentant Mars et Vénus, par J. B. Germain. Socle en marbre vert de mer.

41 — Deux grandes lampes en forme de vases à deux anses, décorées de motifs et de bas-reliefs dans le style de la Renaissance, en bronze argenté, avec socles en marbre vert de mer. Elles forment garniture avec le groupe qui précède.

42 — Groupe en bronze : Jeanne d'Arc. Signé Gechter, 1839.

43 — Groupe en bronze : Charles le Téméraire.

44 — Deux figures : Chasseur et Pêcheur. Bronze de Quesnel, d'après Pradier.

45 — Buste de Mercure, en marbre blanc.

46 — Garniture de cheminée en bronze doré, à figures d'enfants et à ornements rocaille, composée d'une pendule, deux candélabres à sept lumières, deux flambeaux, et deux chenets à vases, modèle Louis XVI.

47 — Lustre en bronze à trente-six lumières, genre rocaille.

48 — Lustre à quinze lumières et trois bras de lampes en bronze.

49 — Grande suspension de salle à manger, de style de la Renaissance, en bronze, à trente lumières avec lampes Carcel.

50 — Cartel de style Louis XVI, en bronze doré.

51 — Paire d'appliques Régence, à deux lumières, à figures d'enfants.

52 — Paire d'appliques Régence, à deux lumières, à bustes de femmes.

53 — Deux flambeaux Louis XVI, en bronze doré.

54 — Pendule fin Louis XVI, en marbre blanc et bronze doré, ornée de médaillons de Wedgwood.

55 — Deux coupes en bronze doré, genre XVIe siècle.

56 — Deux chenets de style Louis XV, à feuillages en bronze.

57 — Garniture de cheminée en bronze doré, à figures d'enfants dans des ornements rocaille, composée d'une pendule, de deux candélabres à dix lumières, de deux flambeaux et de deux chenets.

58 — Grand lustre en cuivre, garni de cristaux, à quarante-deux lumières.

59 — Quatre petites appliques Louis XV, à deux lumières, en bronze doré.

60 — Garniture de cheminée genre Louis XVI, en bronze doré, à vases, guirlandes et rinceaux, composée d'une pendule, de deux candélabres et de deux flambeaux.

61 — Deux chenets de style Louis XVI, en bronze.

62 — Garniture de cheminée en bronze doré de style Louis XVI, composée d'une pendule à groupe de femmes et d'amour, deux candélabres à cinq lumières supportées par deux figures mythologiques, et deux flambeaux.

63 — Garniture de cheminée en bronze doré, genre Louis XVI, à figures d'enfants, composée d'une pendule, de deux candélabres et de deux flambeaux.

64 — Lanterne Louis XVI, à perles en bronze doré.

65 — Pendule Empire, Amour et Psyché, en bronze et marbre de Sienne.

66 — Deux chenets de style Louis XVI, à vases et guirlandes en bronze doré.

67 — Pendule de style Louis XVI, en bronze doré, surmontée d'un amour sur des nuages; socle en marbre.

68 — Deux girandoles à deux lumières de style Louis XVI, à figures d'enfants, d'après Clodion.

MEUBLES ANCIENS ET MODERNES

69 — Crédence du temps de la Renaissance, à pans coupés, ouvrant à deux tiroirs et à deux portes dont les panneaux sculptés représentent des motifs d'ornements à enroulements de feuillages.

70 — Régulateur du temps de Louis XIV, en marqueterie de bois de palissandre, de bois de rose et de bois de violette à quadrillages; orné de motifs en bronze et de moulures de cuivre. Le cadran porte le nom de Gudin, à Paris.

71 — Pendule Louis XIV et son socle de suspension en marqueterie de cuivre, garnie de bronze.

72 — Table Louis XIII, en marqueterie de bois à fleurs avec bordure incrustée d'ivoire; pieds reliés par un entre-jambes.

73 — Grand bureau à cylindre, du temps de Louis XVI, en bois de rose, garni de moulures en bronze.

74 — Console Louis XVI, à deux pieds en bois doré; dessus de marbre à contours.

75 — Deux consoles Louis XV, en bois doré, à dessus de marbre vert de mer.

76 — Petite table Louis XV, à tablette formant bureau et tiroir sur le côté, en marqueterie de bois de rose à damier.

77 — Glace Louis XIV, à fronton en bois doré appliqué sur fond de glace.

78 — Glace Louis XIII, à fronton avec bordure à moulures guillochées, garnie d'ornements de cuivre estampé.

79 — Commode Louis XVI, en bois de violette, garnie de quatre tiroirs.

80 — Commode Louis XVI, en acajou à moulures de cuivre, garnie de trois rangs de tiroirs. Dessus de marbre.

81 — Secrétaire Louis XVI, en bois de rose à filets de citronnier, orné de chutes en bronze ; le bas ouvre à trois tiroirs.

82 — Commode Louis XVI, à trois tiroirs, en bois de rose à filets et grecques en bois de violette et d'érable, orné de chutes, de poignées et d'un cul-de-lampe en bronze doré. Dessus de marbre.

83 — Petite commode Louis XV, à deux tiroirs, en bois de rose, de forme contournée, ornée de bronzes. Dessus en marbre.

84 — Console de style Louis XVI, de forme contournée, en bois de rose avec tablette d'entre-jambes; bandeau orné d'une frise de rinceaux en bronze ciselé et doré. Dessus de marbre brèche.

85 — Console Louis XVI, à angles arrondis, en acajou, à tablette d'entre-jambes et à dessus de marbre.

86 — Armoire ancienne à deux portes pleines, ornée de moulures.

87 — Armoire normande en bois sculpté.

88 — Commode Louis XVI, à trois tiroirs, en bois de palissandre plaqué, poignées de bronze. Dessus de marbre.

89 — Petit bureau de dame, genre Louis XV, en marqueterie de bois, ouvrant à abattant.

90 — Toilette Louis XV, en bois de rose, marqueterie à filets.

91 — Bureau à dos d'âne Louis XV, garni de bronzes.

92 — Commode Louis XVI, en bois de rose à filets, à trois rangs de tiroirs. Dessus de marbre.

93 — Bureau Tronchin en acajou.

94 — Commode Louis XV, de forme contournée, en bois de placage, garnie de bronzes.

95 — Petite commode étroite du temps de Louis XV, en marqueterie de bois de rose, à trophée de musique, garnie de bronzes et à dessus de marbre.

96 — Deux encoignures Louis XIV, en marqueterie de bois, ornées de bronzes. Dessus de marbre.

97 — Table Louis XIII, en noyer, pieds et entrejambes en bois tourné.

98 — Commode Louis XV, contournée, en bois de rose, garnie de bronzes dorés et d'un dessus de marbre.

99 — Commode Louis XV, de forme contournée, en bois de placage et garnie de bronzes.

100 — Chaise longue du temps de Louis XV, en bois peint en blanc, garnie d'étoffe bleu clair brochée.

101 — Fauteuil et trois chaises portugais, en bois sculpté, garnis de cuir gaufré et cloutés de cuivre. Époque Louis XIII.

102 — Cinq fauteuils Louis XIV, en bois sculpté et tourné, garnis de tapisserie au point à personnages et à fleurs sur fond jaune.

103 — Ameublement de salon composé de :

Un petit canapé à dossier arrondi,

Deux fauteuils confortables,

Quatre autres fauteuils,

Un petit canapé de forme carrée, garnis de riches soieries anciennes brochées de dessins et de nuances variées.

104 — Pouf carré en satin marron, garni d'une broderie orientale.

105 — Six chaises légères en bois doré, garnies de diverses étoffes de soie brochée.

106 — Piano à queue d'Érard, en bois noir.

107 — Piano droit de Roller et Blanchet, en bois de palissandre marqueté à fleurs.

108 — Piano demi-queue de Pleyel, en palissandre.

109 — Deux consoles Louis XVI, demi-rondes, en bois sculpté et doré, à guirlandes et bandeaux à rosaces. Dessus de marbre.

110 — Table de style Louis XVI, à bandeau ajouré à rinceaux et orné de guirlandes; pieds reliés par un entre-jambes supportant un vase.

111 — Deux tables à jouer, en bois noir à filets de cuivre.

112 — Table à ouvrage à trois tiroirs et dessus marqueté en bois de placage, garnie de bronzes.

113 — Ameublement de style Louis XVI, en bois doré, composé de :

Six fauteuils recouverts de damas de soie bleue claire ;

Un canapé, deux fauteuils et deux chaises capitonnés de même étoffe;

Cinq chaises légères en bois doré, garnies de même étoffe;

Six garnitures de fenêtres et de portes et une bonne grâce avec lambrequin cintré du haut, en même étoffe.

114 — Deux meubles d'entre-deux en bois noir incrusté de nacre, ornés de balustres aux angles et de médaillons en bronze argenté sur les portes ; dessus de marbre blanc.

115 — Deux meubles à hauteur d'appui, à deux portes vitrées en marqueterie de cuivre et bois

noir, ornés de bronzes et à dessus de marbre blanc.

116 — Petit meuble d'entre-deux en bois noir, orné de bronze et de filets de cuivre ; dessus de marbre blanc.

117 — Deux fauteuils confortables, garnis de maroquin.

118 — Paravent à quatre feuilles en broderie.

119 — Écran en bois doré, de style Louis XIV, avec feuille en broderie de soie représentant un perroquet.

120 — Deux fûts de colonnes cannelées en bois peint blanc et or.

121 — Table-support chinoise en bois sculpté, à dessus de marbre.

122 — Deux marquises garnies de soierie brochée à fleurs, l'une à fond bleu clair, l'autre rouge feu.

123 — Ameublement en bois doré, de style Louis XV, recouvert en damas rouge capitonné; composé d'un canapé et de quatre fauteuils.

124 — Bureau bonheur du jour, à cylindre, en aca-

jou, surmonté d'un casier à portes garnies de glaces.

125 — Banquette à dossier et quatre chaises en chêne sculpté, garnis de reps.

126 — Deux portemanteaux en chêne.

127 — Table en chêne avec pieds à entre-jambes.

128 — Table en palissandre marquetée de cuivre.

129 — Table de milieu, de style Louis XV, en bois noir, marquetée de fleurs et garnie de bronzes.

130 — Table à ouvrage en palissandre marqueté.

131 — Grand paravent à trois feuilles, en bois noirci, garni de cuir mordoré.

132 — Deux tables-jardinières en bois de rose, ornées de bronzes genre Louis XV.

133 — Glace à bordure italienne en bois sculpté et doré.

134 — Ameublement de salle à manger, composé de : un grand buffet à deux corps et à portes pleines, en bois noir sculpté, orné de colonnes et d'un

fronton; deux dressoirs en bois noir avec dessus de marbre rouge; une table ovale sur pied sculpté à mufles de lion; une table rectangulaire; deux tables-servantes; seize chaises recouvertes en cuir vert.

135 — Deux garnitures de fenêtres composées de quatre portières et de deux lambrequins en étoffe, imitation tapisserie.

136 — Ameublement de chambre à coucher, en bois noir gravé, composé de : deux couchettes, deux tables de nuit à dessus de marbre, une armoire à glace à fronton sculpté et une toilette à glace avec étagères.

137 — Table-bureau de style Louis XIV, en bois noir, garnie de bronze.

138 — Jardinière en bois noir gravé, garnie de bronze.

139 — Table à ouvrage en bois d'amarante et d'érable, garnie de bronze.

140 — Pouf en bambou doré, recouvert d'une bande en tapisserie à la main, sur fond de peluche.

141 — Deux grands fauteuils, une bergère, une

chaise longue et quatre chaises, recouverts d'étoffe de laine et coton à fleurs.

142 — Garniture de lit et de deux fenêtres, en même étoffe que les sièges qui précèdent.

143 — Baromètre Louis XVI, en bois doré.

144 — Glace de style Régence, dans un cadre en bois sculpté à rocailles et guirlandes de fleurs.

145 — Petite glace de même style.

146 — Divan et deux coussins en velours persan.

147 — Deux fauteuils confortables garnis de velours persan.

148 — Portière en velours persan à fond rouge.

149 — Fauteuil large garni de peluche avec bande de tapisserie au point.

150 — Très grand billard en bois noir garni de moulures ornées de bronze, avec jeux de billes, queues et accessoires.

151 — Deux banquettes à dossiers en velours rouge.

152 — Grand divan en damas de soie rouge capitonné.

153 — Deux grandes garnitures de croisées et de portes en velours rouge, avec galeries en bois peint en blanc et or.

154 — Bibliothèque à deux corps, le haut vitré, le bas à portes pleines, en chêne sculpté de style flamand.

155 — Bibliothèque à deux corps en chêne sculpté.

156 — Bibliothèque analogue à la précédente.

157 — Deux bibliothèques ouvrant à deux portes, en chêne sculpté.

158 — Bahut en chêne sculpté de style flamand.

159 — Glace à bordure en chêne sculpté.

160 — Fauteuil et cinq chaises genre Louis XIII, à dossiers ajourés en chêne sculpté, garnis de velours vert à bandes de tapisserie.

TABLEAUX

161 — Bon Boulongne. *Mariage de Psyché et de l'Amour.*

162 — Dietrich. *Un Savant.*

163 — Boucher (Attribué à). *Nymphe surprise dans son sommeil par un satyre.*

164 — Vestier (Genre de). *Portrait de femme en buste.* Forme ovale.

165 — Rembrandt (D'après). Son portrait.

166 — Vien. *Un Sacrifice.*

167 — École française. *Portrait de femme en pèlerine bleue.*

168 — Tasez. *Portrait d'homme et Portrait de femme.* Deux pastels de forme ovale.

169 — Pater (Genre de). *Pastorale.*

TENTURES & TAPIS

170 — Trois grandes garnitures de fenêtres avec lambrequins et cinq doubles portières en damas de soie rouge.

171 — Deux paires de rideaux de fenêtres en moquette bouclée à rayures de fleurs et d'ornements avec deux galeries.

172 — Deux grandes garnitures de fenêtres et quatre portières en damas de soie rouge avec deux lambrequins à galeries.

173 — Grand tapis de Smyrne à dessin de fleurs sur fond noir.

174 — Grand tapis de Smyrne à fond rouge.

175 — Tapis d'Aubusson à médaillon et bordure de fleurs.

Nombreux ameublements de chambres à coucher, lits, literie, commodes, secrétaires, toilettes, rideaux.

Tapis en moquette.

Batterie de cuisine.

LIVRES

Environ 800 volumes : Molière, Racine, Boileau, Bossuet, Fénelon, Scribe, Montaigne, Lord Byron, Châteaubriand, Victor Hugo, Thiers, etc.

Dictionnaires, histoires, romans, ouvrages sur l'agriculture, atlas, revues, journaux illustrés, ouvrages russes et allemands.

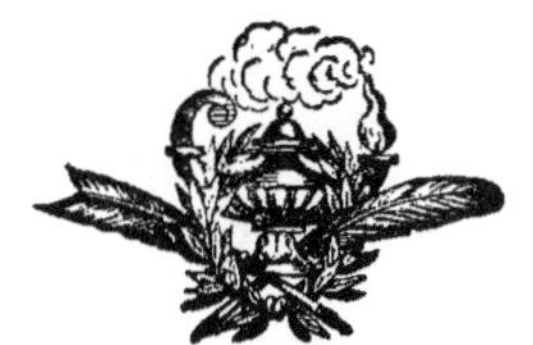

www.ingramcontent.com/pod-product-compliance
Lightning Source LLC
LaVergne TN
LVHW010249230826
846091LV00007B/2876

* 9 7 8 2 3 2 9 4 9 6 7 7 1 *